ÉLOGE FUNÈBRE

DE

M. L'ABBÉ E. FOURNAISE,

CURÉ DE NOTRE-DAME DE CHAUNY,

PRONONCÉ LE 19 AVRIL 1877,

par M. l'abbé GEOFFROY,

CHANOINE HONORAIRE, ANCIEN SUPÉRIEUR DU SÉMINAIRE DE NOTRE-DAME-DE-LIESSE,

Curé de Fresnoy-le-Grand.

CHAUNY

IMPRIMERIE JULES MOREAU,

RUE DU PONT-ROYAL, 37.

—

1877.

ÉLOGE FUNÈBRE

DE

M. L'ABBÉ E. FOURNAISE,

CURÉ DE NOTRE-DAME DE CHAUNY,

PRONONCÉ LE 19 AVRIL 1877,

par M. l'abbé GEOFFROY.

CHANOINE HONORAIRE, ANCIEN SUPÉRIEUR DU SÉMINAIRE DE NOTRE-DAME-DE-LIESSE,

Curé de Fresnoy-le-Grand.

CHAUNY,

IMPRIMERIE JULES MOREAU,

RUE DU PONT-ROYAL, 37.

—

1877.

ÉLOGE FUNÈBRE

DE

M. L'ABBÉ E. FOURNAISE.

—❧✱❧—

Mes Frères ,

Dans cette douloureuse circonstance , M. le Doyen de Chauny a bien voulu me céder sa place et son droit ; je le remercie de cette attention délicate et bienveillante, qui me donne le moyen de remplir un engagement pris du vivant de notre ami , en sa présence et dans une solennité, hélas ! bien différente de celle qui nous réunit. Toutefois , je ne saurais vous le dissimuler, M. T.-C. F., il m'est pénible aujourd'hui de monter dans cette chaire, d'élever la voix dans cette église, veuve de son pasteur, de ce pasteur bien-aimé , qui pendant trente-sept ans, vous consacra avec un dévouement sans bornes, tout ce qu'il avait de force et de vie, tout ce qu'il avait d'intelligence et de cœur ; oui , il m'en coûte de parler dans cette église de Notre-Dame, où mon œil attristé cherche partout ce vieil ami de mes premières années, et n'aperçoit qu'un cercueil ! Il n'est donc plus, au milieu de son troupeau, ce pasteur selon le cœur de Dieu ! Il n'est plus, ce prêtre d'élite, ce prêtre modèle, ornement du sanctuaire et honneur parmi nous de la tribu sacerdotale ! Il n'est plus, ce bon confrère qui nous charmait par la simplicité de ses mœurs, qui nous édifiait par la dignité de sa vie et par la sainteté de ses exemples ! Il n'est plus, cet excellent ami dont le commerce nous était si doux, et dont la vie nous était aussi chère que notre propre vie ! Il a donc été ravi à la terre, ce juste, âme candide et droite, en qui ne se trouva jamais l'ombre de ce qu'on peut appeler feinte ou dissimulation ! Il n'est plus , et voilà ce qui porte le deuil au cœur des siens, de toute cette parenté respectable, dont il était le conseil, l'honneur et la joie; il n'est plus, et voilà ce qui porte encore le deuil au cœur de la paroisse entière.

Oui, M. F., nous le savons, dans toutes les demeures, c'est une affliction générale, partout, ce sont des regrets unanimes ; et ne trouvons-nous pas une preuve de ce que j'affirme, dans tout ce lugubre et imposant spectacle ? Est-ce que cette assistance, tellement nombreuse que cette enceinte peut à peine la contenir, est-ce que toute la paroisse levée comme un seul homme, et accourue répandre des larmes et des prières sur cette tombe, est-ce que ce temple attristé et couvert des trophées de la mort, est-ce que cette douleur, cette tristesse empreinte sur tous les visages, est-ce que ces pleurs qui coulent de tous les yeux, est-ce que tout cela ne nous atteste pas qu'il s'agit ici d'un deuil de famille, d'une grande famille qui perd son chef, et dont chaque membre se sent frappé au cœur !

Bons habitants de Notre-Dame, ces sentiments sans doute vous honorent, nous édifient, nous touchent profondément ; mais ils ont encore à nos yeux un autre prix, une autre signification. Évidemment ces regrets si vifs et si unanimes sont le plus bel éloge à la mémoire de votre digne pasteur, et il me semble que lui-même, du sein de l'éternité qu'il habite maintenant, sourit et applaudit à ma parole. Ah ! bien-aimé confrère que nous pleurons tous, puissent ces regrets, ces témoignages d'amour de votre famille chérie, faire encore tressaillir au fond de ce tombeau vos dépouilles mortelles, ou plutôt réjouir au ciel votre âme sanctifiée dans le sein de Dieu !

Puisque votre deuil seul, disons-nous, forme l'éloge de votre pasteur défunt et l'éloge le plus vrai, le plus touchant, le plus éloquent, qu'est-il donc besoin de parler davantage ? Voilà ce me semble, l'interrogation unanime quoique silencieuse, que je lis sur vos lèvres. Eh bien ! M. F., nous vous l'avouons simplement, notre parole n'est qu'un cri de notre cœur, et nous ne sommes venu que pour mêler nos larmes à vos larmes, nos regrets à vos regrets, et surtout nos prières à vos prières. Car si la mort vous enlève un père, un excellent pasteur, nous perdons, nous, un confrère que nous aimions tendrement et dont nous étions tendrement aimé, nous perdons un ami, et en tout temps, mais surtout à cette époque, où règne et domine dans les âmes le froid égoïsme, le vil intérêt personnel, un ami, ah ! c'est chose rare, c'est un trésor, dit l'Esprit-Saint, qu'il faut conserver précieusement, et nous l'avons perdu ! Nous l'avons perdu, cet ami si digne de nos regrets et dont nous avons pu si souvent apprécier et admirer les rares et solides qualités.

Ces heureuses qualités, je voudrais bien, M. F., vous les redire toutes, je me sens bien au cœur un grand désir de vous en parler d'une manière

digne de notre ami , mais je sens aussi ma faiblesse. D'ailleurs le temps
m'a fait défaut. A peine quelques rapides instants pour recueillir mes pensées et rappeler des souvenirs, et dans le cadre étroit où je suis obligé de
me restreindre, comment pourrai-je dire tout ce que Dieu avait mis en lui
de bonté , de candeur , de délicatesse de conscience , de sentiments nobles
et élevés, unis à une charmante simplicité ? Comment vous donner une
idée assez haute de cette existence sacerdotale, si pure, si sainte, si modeste
devant les hommes , si précieuse devant Dieu et si féconde en œuvres de
salut ? D'abord, et cette simple réflexion est déjà tout un éloge, non, et je
ne crains pas de le dire hautement dans cette immense assemblée et en
présence des saints autels, non, je n'ai rien à taire , rien à pallier , rien à
dissimuler dans cette vie si éminemment sacerdotale ; et si la simplicité
vénérable d'un prêtre de Jésus-Christ, ennemie du faste et de l'éclat , ne
présente pas à nos yeux de ces actions pompeuses qui éblouissent les
hommes , en revanche , son zèle, son dévouement , son désintéressement ,
sa piété exemplaire et qui ne se démentit jamais, sa patience inaltérable
au milieu de longues et atroces douleurs, tout cela nous donne des pensées
plus dignes de cette chaire , et à Dieu ne plaise que je veuille rendre re-
commandable à vos yeux la mémoire de notre ami , par quoi que ce soit qui
va s'éteindre au tombeau. La louange des élus, des serviteurs de Dieu, ce
sont leurs vertus, ce sont leurs œuvres, parce que nos œuvres seules nous
suivront devant Dieu.

Celui que nous pleurons, M. T.-C. F., je suis heureux de vous le rappeler , eut pour parents de vrais chrétiens , des chrétiens de l'ancienne
marque, comme s'exprime Bossuet. Il naquit au sein d'une famille patriar-
cale, où se conserve et se transmet des pères aux enfants, comme un héri-
tage , la foi simple et robuste des premiers temps. Un père chrétien , une
mère chrétienne, surtout à cette époque tourmentée et sans principes, oh ! la
grâce précieuse ! grâce capitale et source d'une infinité d'autres, dont sans
doute notre ami bénira éternellement le Seigneur dans les cieux.

Ainsi une mère pieuse, en même temps qu'elle essayait ses premiers pas,
lui apprenait aussi à délier sa langue pour bénir le Père que nous avons tous
au ciel, et invoquer le nom de la douce Vierge. Le jeune Fournaise a donc
pu sucer la piété avec le lait, et comme une tendre fleur, dans un terrain
choisi, il a pu grandir au foyer domestique et devant Dieu, dans l'amour
du bien , dans la science qui fait les saints , fortifié qu'il était et comme
réchauffé par la douce influence des exemples paternels.

Aussi dès ses premières années aperçut-on en lui le germe de ces rares qualités, qui devaient plus tard l'élever si haut dans l'estime de Dieu et des hommes. Un penchant naturel au bien, à la piété, un goût prononcé pour les saintes cérémonies de la religion, un fond de pudeur et une aversion extrême pour la moindre tache capable de flétrir son âme, un tendre respect pour les auteurs de ses jours : ce sont là les talents précieux que le Seigneur avait confiés au jeune Eugène Fournaise, aussi présageait-on et disait-on déjà, qu'évidemment Dieu destinait cet enfant béni à une sainte et sublime vocation.

En effet, dès sa première communion qui fut pour lui comme un jour du ciel passé sur la terre, (c'est sa vénérable sœur qui nous le disait encore hier, ajoutant que dans ce jour, qui n'a pas de pareil dans la plus longue existence, son bon petit Eugène était comme un ange du ciel, tant il lui paraissait en avoir la piété et la candeur), dès sa première communion, on remarqua en lui un attrait prononcé pour la retraite, pour l'éloignement du monde, pour la vocation sacerdotale. Déjà, ô mon Dieu, vous lui aviez inspiré, avec une tendre dévotion pour Marie, un généreux amour de la pureté; déjà votre lumière lui avait fait découvrir le vide et le néant qui se trouvent au fond de toutes choses humaines. Aussi avec quelle joie quitta-t-il le monde, pour entrer dans ces pieuses écoles où l'Église, par la prière et l'étude, prépare les jeunes aspirants au sacerdoce ! avec quels fruits de science et de piété, avec quelle douce paix passa-t-il ces longues années de probation, que récemment encore il nous disait avoir été les meilleures de son pèlerinage sur cette terre.

Sans doute vous n'attendez pas de moi que je vous retrace en détails la vie de notre jeune lévite dans cette sainte retraite. Disons seulement que là, sous la conduite de saints et habiles maîtres, à l'exemple du jeune Samuël, il grandissait en doctrine et en sagesse à l'ombre des autels. Disons qu'il fut toujours la consolation de ses maîtres par sa docilité et son exemplaire soumission, par son application et son travail assidu, travail que le succès a plus d'une fois couronné. Disons qu'il fut l'édification de ses condisciples, qui tous l'aimaient à cause des rares qualités de son cœur et qui dès lors lui vouèrent cette bonne affection, cet attachement profond, que tous lui ont conservé jusqu'à la mort et au-delà. En effet, n'en voyez-vous pas une preuve sensible et éclatante dans la présence de ce sénat de prêtres vénérables accourus, plusieurs même des extrémités du diocèse, pour lui rendre les derniers honneurs, et comme pour déposer sur ses restes mortels, un suprême témoignage de cette amitié sainte, qui, commencée ici-bas sous les auspices de la religion, survit à la mort, et va, par de là la tombe, se continuer éternellement dans le sein de Dieu.

Enfin, et pour résumer tout son noviciat au sacerdoce, ne craignons pas de lui appliquer ce beau mot que S. Grégoire de Nazianze disait du grand saint Basile : qu'il était prêtre avant que d'être prêtre, c'est-à-dire, si vous l'entendez, qu'il en avait la vertu avant que d'en avoir le degré, qu'il était prêtre par son zèle, par la gravité précoce de ses mœurs, par l'innocence de sa vie, avant que de l'être par son caractère. Inutile de vous dire que quand arriva le jour à jamais béni de son ordination, il reçut par l'imposition des mains du Pontife, avec l'esprit de Dieu, toutes les vertus qui font le bon prêtre.

Voilà le pasteur choisi entre mille, que dans sa miséricorde la divine Providence vous destinait. Et une preuve de la haute estime que l'on avait conçue de lui, c'est que ce fut, dès les premières années de son sacerdoce, que Monseigneur de Simony, de douce, de sainte et impérissable mémoire, lui confia cette paroisse de Notre-Dame, sans contredit, une des plus importantes du diocèse, tant le vénérable Évêque avait confiance en ses lumières, en sa sagesse, tant il était persuadé que, dans ce poste de choix, il saurait faire respecter sa jeunesse et que sa prudence lui tiendrait lieu de cheveux blancs. C'est à vous, M. F., à nous redire si jamais l'espoir de son Évêque fut déçu.

Je parlais tout-à-l'heure, M. F., de l'importance de votre paroisse. Personne n'ignore que c'est M. Fournaise qui l'a rendue plus importante encore. Oui, si Notre-Dame de Chauny, de simple succursale qu'elle était, est aujourd'hui érigée en cure inamovible de deuxième classe, c'est là une grande faveur, faveur exceptionnelle et difficile à obtenir. Mais cette faveur, le haut personnage qui la sollicitait près du gouvernement, et le Conseil de la fabrique, qui apportait au succès de sa demande un concours si empressé, avaient en vue principalement d'être agréable au bon curé qu'ils aimaient, qu'ils estimaient, et qu'ils savaient si digne de ce privilége. Au contraire, le digne pasteur, (et toute sa correspondance sur cette affaire le prouve surabondamment), le digne pasteur s'oubliait personnellement, il déclarait, avec cette candeur qui n'admettait pas de doute, que pour son propre intérêt il n'eut jamais fait la moindre démarche, et que tous ses efforts n'avaient qu'un but, l'honneur, l'exaltation, le plus grand bien de sa bonne paroisse de Notre-Dame, pour le bonheur et la sanctification de laquelle il eut volontiers sacrifié sa propre vie.

Aussi, M. F., je n'ai donc pas besoin de rappeler son ministère au milieu de vous. Et lui-même, aujourd'hui qu'il n'a plus à redouter les misérables retours de l'amour-propre, aujourd'hui qu'il voit la vérité dans sa source, ne peut-il pas vous adresser les paroles de S. Paul et vous dire avec la même confiance : Mes frères, mes enfants bien-aimés, vous savez tous comment j'ai paru au milieu de vous, depuis le premier jour de mon entrée jusqu'à celui de ma mort ; *serviens Deo*, vous savez que je me suis toujours montré véritable serviteur de Dieu, d'abord et avant tout, m'appliquant à sauver mon âme, afin de travailler ensuite avec plus de succès à la sanctification des vôtres ; *serviens Deo*, serviteur de Dieu aussi quant à vous, par le parfait accomplissement des devoirs de ma charge pastorale, rien ne m'empêchant de vous instruire en public et en particulier, vous exhortant, vous catéchisant, vous avertissant, non point comme pour remplir un devoir indifférent, mais avec toute la sollicitude, toute la tendre compassion d'un père pour des enfants qu'il voit en péril ; mais avec larmes et gémissements devant Dieu, à la vue des dangers où je voyais sans cesse vos âmes exposées, *cum lacrymis monens unamquemque vestrûm.*

Pasteur vigilant et fidèle, jamais il n'a perdu de vue ces deux principales fonctions des ministres de Jésus-Christ, qu'ils doivent parler à Dieu, qu'ils doivent parler aux peuples : parler à Dieu par l'oraison, parler aux fidèles par la prédication de l'Évangile; qu'étant les anges, les envoyés de Dieu ici-bas, ils doivent sans cesse monter et descendre, comme les anges que vit Jacob sur cette échelle mystérieuse, monter de la terre au ciel et s'unir à Dieu par la prière, redescendre sur la terre pour communiquer aux hommes la lumière, la vérité et la vie ; monter, aller puiser à la source de toutes les grâces, et redescendre pour les épancher sur la terre. Cette divine morale, votre vénéré pasteur l'avait admirablement comprise. Il fut toujours un homme de prière, toujours et dans tout le cours de sa vie, même dans ces dernières années qu'affaibli par la maladie, un repos prolongé semblait lui être nécessaire, on était touché de le voir prévenir l'aurore pour vaquer à ce saint exercice de l'oraison. Non-seulement il priait à certaines heures, mais on peut dire que, selon la parole du Sauveur, il priait sans cesse, sans cesse il avait les yeux et le cœur élevés au ciel; cet esprit de prière, il le portait partout au milieu de ses fonctions, voilà pourquoi il les exerçait si saintement. Il fut donc, dans toute l'énergie de l'expression, un homme de prière, c'est-à-dire un homme marqué du signe le plus distinctif du bon prêtre, marqué du sceau des élus. Et tant que ses forces le lui permirent, il fut non moins constamment fidèle au devoir si important de la prédication.

Et les instructions que l'étude et la prière avaient préparées recevaient dans sa bouche l'autorité que donne l'exemple. Vous le savez, M. F., il ne se contentait pas de vous enseigner les voies du salut et de vous les montrer. Il a toujours voulu vous y précéder et marcher à votre tête. Toujours il a regardé le bon exemple comme le premier devoir de son saint état. Et je ne crains pas de le dire ici devant Dieu et devant vous, M. T.-C. F., est-il dans cette paroisse qu'il a dirigée, comme nous l'avons dit, pendant trente-sept ans, est-il un seul fidèle qui puisse dire avec vérité, que ses exhortations aient jamais eu à rougir de sa conduite? Sa vie publique, sa vie intime, ses rapports de tous les jours, de tous les instants avec chacun d'entre vous, n'étaient-ils pas la plus éloquente confirmation de la doctrine qu'il vous enseignait? Dès son entrée dans cette paroisse, n'a-t-il pas conquis et toujours conservé depuis l'estime de tous, par une vie constamment irréprochable, par une charité tendre, par un zèle prudent, par une gravité affable, par une conduite toujours digne, toujours soutenue? La vue seule d'un tel pasteur n'était-elle pas comme un enseignement perpétuel, comme une prédication vivante pour son troupeau? Heureuse la population à qui le ciel a départi un si bon pasteur, bien plus heureuse si elle a su profiter de ses exemples et les retracer dans la pratique !

Dans ces divers tableaux que je viens d'exposer à vos regards, sans doute, M. T.-C. F., vous avez déjà pu reconnaître le digne prêtre que nous regrettons. Mais si je ne me trompe, vous me demandez quelque chose qui le caractérise mieux encore et qui lui ressemble davantage. En effet, dans tous les élus de Dieu, on voit sans doute réunies ces divines vertus dont le Sauveur nous a donné l'exemple ; toutefois dans cet auguste cortège de toutes les vertus évangéliques, il en est toujours une qui brille en eux d'un plus vif éclat, qui semble être comme la règle directrice, comme le mobile inspirateur de toute leur conduite, et, si je puis parler de la sorte, comme leur signalement particulier. Ainsi dans S. Paul, nous admirons surtout son zèle pour le salut des âmes; dans S. André, la soif des souffrances ; dans S. Antoine, le mépris des biens de la terre ; le nom de Vincent-de-Paul rappelle la charité dans toute son expension, celui d'Augustin, les transports de l'amour divin.

La vertu chérie, le caractère distinctif, le signalement de celui que nous pleurons, vous me devancez, M. F., et vous dites que ce fut une bonté d'âme incomparable, une bonté d'âme si constante, et se manifestant avec un abandon si aimable, avec une si charmante simplicité, qu'elle lui gagnait tous les cœurs; tellement qu'on peut affirmer qu'il ne connut jamais d'ennemi, et que, sous ce rapport, sa vie entière fut comme un jour sans nuage et sans tempête; que dis-je, qu'il ne connut pas d'ennemi, j'ose même avancer qu'il ne se rencontra peut-être jamais de contradicteur, j'entends de contradicteur sérieux et persévérant, au bon abbé Fournaise, *oui, au bon abbé Fournaise;* c'est ainsi que nous l'appelions nous tous, ses amis. Et ce mot dit tout, il exprime ma pensée, il peint la vérité, et trouve écho dans tout cet imposant auditoire. Oui, avec moi, vous convenez tous que cette voix publique, ou plutôt que cette concordance de toutes les voix qui ne l'appelaient jamais que le bon Monsieur Fournaise, est une preuve éclatante que le fond de cette nature d'élite, c'était la bonté, une bonté d'âme que peut-être personne d'entre nous, et dans aucune circonstance, ne vit jamais se démentir.

Et, ici, vénérés Confrères, permettez que j'invoque votre témoignage. N'est-il pas vrai que c'était toujours avec bonheur que vous veniez frapper à cette porte si éminemment hospitalière? N'est-il pas vrai que vous ne trouvâtes jamais ailleurs hospitalité, je ne dirai pas seulement plus généreuse, plus désintéressée, mais encore plus empressée, plus facile, plus aimable, plus cordiale, plus délicieuse? Chez lui on était chez soi. On était toujours certain de trouver, au presbytère de Notre-Dame, une âme sympathique, un ami, un véritable ami, qu'on ne quittait jamais sans se dire : Mon Dieu, qu'il est bon! Quel excellent cœur ! Qu'elles sont bonnes, mais toujours trop rapides, les heures que l'on passe près de lui !

Cette bonté d'âme, ce cœur d'or, qui l'a mieux connu, qui en a plus goûté les douceurs et recueilli les fruits que vous tous, ses proches, ses frères, ses sœurs, ses neveux, ses nièces bien-aimées, que vous tous, membres de cette famille, si étroitement unie, et de laquelle on disait avec admiration, comme autrefois des premiers fidèles : Voyez comme ils s'aiment? Mais cette union si charmante, si exemplaire, c'est le bon M. Fournaise qui en était l'âme, le centre, le lien, lien qui rattachait, qui ramenait tout à lui, pour être par lui reporté à Dieu.

Cette bonté d'âme, qui de vous aussi, M. T.-C. F,, n'en a pas fait l'heureuse expérience ? Qui de vous, riches ou pauvres, grands ou petits, ne conserve pas les meilleurs souvenirs de ses rapports avec cet excellent homme ? S. Ambroise a dit cette belle parole : Il faut que le pasteur des âmes ait deux choses largement ouvertes, le cœur et la main, le cœur pour aimer ses frères, pour aimer ses ouailles, la main pour les soulager, pour les secourir dans leurs besoins. Encore une fois la belle parole ! Elle résume l'Évangile, la loi et les prophètes ! mais aussi par ces deux mots, le grand docteur n'a-t-il pas peint à l'avance et trait pour trait votre pasteur bien-aimé ? Tout le monde sait, et vous, mieux que tout le monde, vous savez, M. F., combien il vous aima. Oui, tous, vous avez expérimenté combien il était bon, combien affable à tous, combien serviable, combien empressé à vous consoler tous, à vous obliger tous dans vos besoins spirituels ou temporels ! Et tant qu'il fut dans la plénitude de lui-même, quel soin, quelle tendre sollicitude pour vos malades ! Quelle assiduité à leur lit de douleur ! Et quand ils avaient fait le grand voyage du temps à l'éternité, quel empressement, quelle attention délicate à porter aux familles les consolations de la foi !

Il n'était jamais plus heureux que quand il avait occasion de faire, n'importe où et auprès de qui, toutes les démarches que réclamaient vos intérêts. Et quel était le mobile de son zèle ? Je vous l'ait dit : c'est qu'il vous aimait. C'est que vous étiez ses enfants et qu'il vous chérissait, comme eut fait un père. C'est qu'il vous portait tous dans son cœur, c'est qu'il vous présentait tous les jours à Dieu, au saint autel. Et en retour de tant de sollicitude, de ce dévouement sans bornes, (j'ai à cœur de vous le dire, M. F., et puissiez-vous ne l'oublier jamais!) il ne souhaitait d'autre récompense que de vous voir enfin marcher dans les voies de la vérité, dans les voies de la vie et du salut, qu'avec tant de labeur il s'efforçait d'ouvrir devant vous. Sauver vos âmes, gagner vos âmes à Dieu, et assurer votre salut pour l'éternité : voilà le gain qu'il recherchait, voilà le salaire, l'honoraire le plus consolant, le plus souhaité de son ministère. Cette divine récompense, ce noble salaire, si vous ne l'avez pas encore acquitté, hâtez-vous de le faire, M. F., et vous aurez encore ajouté, s'il est possible, à ses joies du ciel.

Ainsi, M. F., nous pouvons dire que ce bon pasteur, à l'exemple du divin Maître, a passé au milieu de vous en faisant du bien à tous, en soulageant, autant qu'il était en lui, toutes les misères, en soulevant le fardeau de tous et de chacun. Faire du bien autour de lui, mais c'était comme sa passion dominante, c'était la pente, ou plutôt le besoin impérieux de son cœur. Sans cesse, et du dedans, et du dehors, on venait à lui. Sans cesse on venait frapper à sa porte, non pas comme à la porte de l'homme riche, on savait bien le contraire, mais comme à la porte de l'homme bon, du prêtre charitable, du bon pasteur dont le cœur et les bras étaient toujours ouverts pour accueillir celles de ses ouailles que n'importe quelle infortune éprouvait.

Il vous aimait, M. T.-C. F., et dans ces derniers temps, où, quant à tout le reste, il n'était plus qu'une ombre de lui-même, son cœur tout entier lui restait encore. Son cœur conservait encore pour vous toute la vivacité de sa tendresse, et plus d'une fois nous l'avons entendu se plaindre douloureusement de ce qu'il ne pouvait plus, disait-il, vous être utile. Ah! bon pasteur, vous vous trompiez. Alors même que la cruelle maladie enchaînait votre zèle, vous étiez encore utile, grandement utile à vos paroissiens bien-aimés. Non, Dieu ne juge pas comme les hommes, et votre résignation dans cet état crucifiant que tout le monde sait, et votre prière, purifiée par la souffrance et montant au ciel plus agréable à Dieu, appelaient encore d'en haut sur votre peuple les grâces et les bénédictions.

Je viens de vous dire que la maladie enchaînait l'action de son zèle : son zèle cependant a su plus d'une fois triompher de la maladie; il en triompha, hélas! une dernière fois, mais ce fut pour hâter sa fin. Tout le monde sait ici que c'est dans l'exercice même de son ministère, que c'est au saint tribunal qu'il fut frappé du dernier coup qui devait, quelques jours après, le conduire au tombeau. Depuis plusieurs semaines, il était plus chancelant que de coutume, il dépérissait à vue d'œil, sa faiblesse devenait extrême. On lui représenta que se rendre à l'église dans cet état, était chose au-dessus de ses forces, qu'il y aurait même imprudence. Peut-être, répliqua-t-il avec cette candeur et cette bonté qui lui étaient ordinaires, mais puis-je refuser ce service à cette bonne enfant qui est venue de lointain pays, tout exprès pour me le réclamer; et, ramassant ce qui lui restait de forces, il se traîna, ou plutôt il fut porté à l'église, Dieu le permettant ainsi, afin qu'il fût évident à tous que sa charité pour rendre service aux autres lui faisait oublier les ménagements qu'il se devait à lui-même, afin qu'il fût évident qu'il mourait victime de son zèle, et que, vaillant soldat, il tombait les armes à la main.

Voilà, M. F., le bon pasteur que la mort impitoyable vient de ravir à votre affection ; voilà l'excellent ami que nous perdons , homme de cœur , homme miséricordieux. Espérons que Dieu lui a fait la miséricorde qu'il fit aux autres. Espérons que ceux qui l'ont précédé, et qu'il avait ici-bas soulagés , consolés par l'aumône spirituelle ou corporelle , l'auront reçu comme Thabite autrefois, dans les tabernacles éternels, et que maintenant, que bientôt du moins , son âme purifiée par ses longues souffrances , par les suffrages de l'Église , jouira éternellement de la vue de Dieu , du Dieu qui a prononcé ces consolantes paroles : Bienheureux ceux qui sont miséricordieux, parce qu'ils obtiendront miséricorde ! Bienheureux les pacifiques, bienheureux ceux qui sont doux et humbles de cœur, parce qu'ils possèderont la terre, la terre des vivants.

Bon et bien-aimé confrère , ami à jamais regretté, c'est dans cette espérance que vous vous êtes paisiblement endormi , au doux murmure des prières de l'Église votre Mère, qui vous envoyait au ciel. Oui , bon pasteur, pasteur fidèle jusqu'aux derniers instants, nous l'avons vu, c'est ainsi que , par une disposition du ciel pour nous bien consolante, au jour même que l'Église appelle le jour du Bon Pasteur, jour de votre fête , par conséquent , vous avez quitté, plein de foi et de confiance, l'exil pour la patrie où sans doute le Pasteur des pasteurs, dont vous étiez une copie vivante ici-bas, s'est hâté de vous recevoir, parmi ses élus, dans son éternel bercail. Et dès lors, ce tombeau qui reçoit vos dépouilles mortelles, n'est plus à nos yeux que le berceau de votre immortalité. O pensée fortifiante! O ineffable et puissante consolation ! Hâtons-nous, M. F., de la recueillir dans nos cœurs. — Oui, en présence de ce tombeau, formidable écueil où se brise toute la vanité humaine, qu'il est bon de proclamer notre foi, de rappeler nos immortelles espérances ; qu'il est bon d'entendre le grand Apôtre nous crier : O vous, parents, amis, fidèles et pasteurs, ô vous, qui que vous soyez, que cette mort afflige, pleurez sans doute, il est permis , puisque Jésus, le plus tendre, le meilleur des amis, a pleuré sur le tombeau de Lazare , son ami , pleurez une si grande perte , mais ne pleurez pas comme les fils de l'incrédulité, comme ceux qui n'ont pas d'espérance. Vos regrets sont légitimes, mais la foi doit les adoucir, puisque l'espérance qu'elle vous donne, vous montre, dans une vie meilleure et régnant au sein de la félicité, celui que vous pleurez, et près de lui un trône qui vous attend vous-même dans la gloire.

Mais ce trône de gloire, cette bienheureuse immortalité , il faut bien vous le rappeler en terminant , M. T.-C. F., n'est que pour les Justes , pour ceux qui, comme votre saint pasteur, meurent dans la paix du Seigneur, dans sa grâce et son amour. Les noms seuls écrits au Livre de vie ne périront pas. Tout ce qui tient au siècle passera avec le siècle. Ce cercueil arrosé de nos larmes vous avertit, mieux que je ne saurais le faire, qu'ainsi disparaît la figure du monde, qu'ainsi s'évanouit l'enchantement des sens, qu'ainsi viennent se briser à la tombe toutes les espérances de la terre. Du fond de ce tombeau, votre pasteur vous parle encore, vous instruit encore. Écoutez donc les leçons de la mort, entendez les enseignements du sépulcre; il n'en fut jamais de plus salutaires. Oui, du fond de son cercueil et par le seul spectacle de ses restes inanimés, votre pasteur ne semble-t-il pas nous dire à tous, venez et voyez, voyez ce qu'a fait de moi la mort. Aujourd'hui pour moi, demain pour vous. Veillez donc, priez, soyez attentifs, soyez prêts à toutes les heures, parce que vous ne savez pas à laquelle viendra le Fils de l'Homme. Éveillez-vous enfin de votre assoupissement spirituel! Oui, l'heure est venue, éveillez-vous pour entendre l'avertissement, de peur qu'on ne vous éveille pour entendre votre condamnation. Heureux le serviteur que son maître trouve, comme votre pasteur bien-aimé, veillant et priant, il entrera dans la joie de son Seigneur! Heureux l'homme qui ne s'attache qu'à vous seul, ô mon Dieu, qui n'aime que ce qu'il doit toujours aimer, ce qu'il doit toujours posséder, et qui tout le temps de sa vie mortelle fait de son salut éternel sa grande, sa principale affaire. Puissions-nous tous, M. T.-C. F., puisse chacun d'entre nous être cet homme sage et prudent, c'est la grâce que je vous souhaite.

CHAUNY. — IMPRIMERIE J. MOREAU.

BIBLIOTHEQUE NATIONALE DE FRANCE
3 7502 00999645 7